AF278585

27

Ln. 10190.

A.

(Par Georges Mathieu-
Dairnvaell, d'après M.
Quérard.)

M. FÉLIX PYAT,

RÉPONSE

DU

PRINCE DES CRITIQUES.

L'homme absurde est celui qui ne change jamais.
BARTHÉLEMI.

BIBLIOTHÈQUE ROYALE

NOUVELLE ÉDITION A 20,000.

PRIX : 20 CENT.

PARIS,

CHEZ TOUS LES MARCHANDS DE NOUVEAUTÉS

ET SOUS LES GALERIES DE L'ODÉON.

1844.

Paris. — Imprimerie de LACOUR et MAISTRASSE fils
rue St-Hyacinthe-St-Michel, 33.

Que doit-on faire d'un homme qui ne sait
pas même construire ce qu'il pense?. . . .

. . . .

Toutes ces critiques sont le partage de quatre
ou cinq petits auteurs infortunés qui n'ont jamais pu par eux-mêmes exciter la curiosité du
public, ils attendent toujours l'occasion de
quelque ouvrage qui réussisse, pour l'attaquer,
non point par jalousie, sur quel fondement se-
raient-ils jaloux? mais l'espérance que l'on se
donnera la peine de leur répondre, et qu'on les
tirera de l'obscurité où leurs propres ouvrages
les auraient laissés toute leur vie.

RACINE, *Défense de* BÉRÉNICE.

(*Journal des Débats*, 8 janvier 1844.

A MONSIEUR FÉLIX PYAT,

LE

PRINCE DES CRITIQUES.

Que suis-je donc, grand Dieu? D'où vient tout le bruit qui se fait autour de moi depuis quelque temps? Serais-je, par hasard, et malgré moi, un des puissants de la terre? Ma pauvre plume de colibri, si légère et si inoffensive, serait-elle devenue tout à coup un sceptre ou un glaive? Je l'ignorais hier, et je l'ignore encore aujourd'hui.

Cependant, on s'agite, et l'on murmure autour de moi; mille voix me crient : Venge-toi, venge-toi; on t'insulte, on te déchire, on te calomnie, et l'on amoncelle, pour te renverser, Pélion sur Ossa. Quelques personnes même m'ont charitablement conseillé d'abdiquer mon sceptre de critique. Eh! mon Dieu! croyez-vous que j'y tienne beaucoup à ce sceptre? Ne savez-vous pas que, si l'on voulait me le permettre, j'abdiquerais demain? Que dis-je, demain? Aujourd'hui même, si je le pouvais. Pour éviter tous ces bruits de Paris, qui me fatiguent et qui me tuent, je voudrais passer la plus grande partie de ma vie à la campagne, à côté de cette femme si jeune et si belle, si naïve et si gracieuse, si spirituelle et si simple, si chaste et si dévouée, de cette femme, enfin, qui est la mienne, de cette femme dans les yeux de laquelle j'aime à lire mon bonheur. Que l'on me calomnie, que l'on m'insulte, que l'on me déchire, que m'importe, si je puis poser sur son cœur mon cœur déchiré, et si je puis prendre mon amour comme un bouclier ?

Aujourd'hui, il existait partout autour de moi une rumeur confuse ; il me semblait que tous les yeux se fixaient sur moi et que bien des voix murmuraient mon nom. Pour me soustraire à cette hallucination, j'avais presque quitté Paris, et j'étais allé me promener dans ce beau jardin du Luxembourg, que, dans ma rêveuse illusion, je croyais encore voir verdissant et fleuri, avec ses jeunes filles et ses oiseaux joyeux, ses bonnes d'enfants promenant leurs petits anges dans les allées les plus ombreuses, et des étudiants jetant autour d'eux des regards pleins d'amour et de désir. Vous le voyez, j'étais bien loin de Paris, quand, tout à coup, une voix amicale vint m'arracher à ma rêverie.

— Répondras-tu ? me dit B......

— Répondre à quoi ?

— Ne sais-tu pas que l'on te déchire à belles dents et que, cette fois encore, le pamphlet est signé d'un nom connu du public, du nom de Félix Pyat ?

— Je n'en sais rien.

— Mais ne lis-tu pas la *Réforme* ?

— La *Réforme*, qu'est-ce que cela ?

— Le journal qui a le premier publié le feuilleton qui te traite d'une manière épouvantable.

— Comme j'ignorais qu'il y eût à Paris un journal appelé la *Réforme*, et que bien d'autres honnêtes gens l'ignorent sans doute, *je ne répondrai pas.*

— Mais le feuilleton est devenu pamphlet, et l'on se l'arrache à Paris.

— Que m'importe ? Pyat ne peut avoir écrit cela ; tu te trompes.

— Je me trompe si peu que voici l'histoire de la transformation du feuilleton en pamphlet. Il existe à Paris un de ces soi-disant auteurs faméliques, un de ces scorpions littéraires, un être, enfin, à la fois rapace et impuissant, même pour le mal. Cet homme a été vers l'auteur de *Cédric* et lui a demandé l'aumône de son feuilleton, et celui-ci, sans plus y faire attention, lui a jeté le feuilleton dans le chapeau, en lui disant : Allez, brave homme, mais ne revenez pas ; j'ai mes pauvres. Le pauvre hère, espèce de Diogène, plus cynique que rôdeur, s'est emparé du feuilleton et a été porter cet os à ronger chez un imprimeur, qui a tiré ce scandale à un millier d'exemplaires. Toutefois, le mendiant de lettres a ajouté quelques plates injures au titre du pamphlet, qui se vend un peu plus qu'il ne vaut, quinze centimes seulement, juste le prix d'une séance à certain cabinet.

En me disant cela, *mon ami* me quitta, et, en allant l'accompagner jusqu'aux galeries de l'Odéon, je vis sur l'étalage d'un libraire la feuille de papier maculée, lourde d'injures et de trivialités ; elle était intitulée : *Le Prince des Critiques. Le Prince des Critiques!* J'avais donc deviné, en disant que, pour soulever tant de haine autour de moi, je devais être un personnage important. En lisant que j'étais un prince, je ne me suis plus étonné de rien. N'est-il pas bien naturel, dans notre siècle de progrès, qu'un prince soit déchiré par tous, qu'il soit en butte à la haine et au mépris? N'en est-il pas un, un grand, un vrai, un sublime prince qui, depuis bientôt quatorze ans. placé sur le Golgotha du trône, a été impitoyablement déchiré par les vautours et les corbeaux.

J'ai lu jusqu'au bout le libelle et j'ai souri, bien qu'il fut b....*ien en colère le père Duchesne.*

On me reproche d'abord de ne pas me nourrir *de la chair des ours* (ce serait un plagiat après les beefteak de M. A. Dumas). En revanche on dit que je me nourris de *la chair des pauvres comédiens qui ne peuvent racheter leur peau de mes flèches.* Comme c'est joli ! on dit que j'ai une existence faite de morceaux bigarrés comme l'habit d'*arlequin,* tant mieux.

L'ennui naquit un jour de l'uniformité.

On me reproche d'avoir tour à tour servi *Marius et Sylla*, d'avoir rédigé le *Figaro* et la *Quotidienne* le *Messager des Chambres* et ce que l'on appelle prudemment *un journal du gouvernement*. Tout cela est parfaitement vrai, mais en cela j'ai imité les *carbonari*, qui acceptent toutes les places à prendre et du côté du pouvoir et de celui de l'opposition, afin de connaître tous les rouages et de mettre plus tard leurs connaissances à profit, et d'ailleurs la vérité est que je suis rouge avec les rouges, noir avec les noirs, blanc avec les blancs et toujours gris la nuit. Et tout cela par bonté d'âme.

Mon plus grand crime est d'avoir écrit ce que je pensais, c'est-à-dire que *Tibère* n'était pas une tragédie *Cornelienne*, un chef-d'œuvre admirable, j'avais oublié que Marie-Joseph Chénier avant d'être auteur dramatique avait été représentant du peuple et surtout qu'il avait fait le *chant du départ*. Pour me punir d'avoir osé toucher à l'arche sainte on a rempli quatorze pages de toutes sortes d'injures. Jugez de la politesse de ces bons démocrates par ces mots que je prends çà et là sans les chercher. *Zoïle, Bazile, assassin, bravo, vendu, enragé, valet, homme ignoble et vénal, ordurier, sordide, poltron, jongleur* et Eu-NUQUE. Pour me dire toutes ces jolies choses il aurai fallu au moins attendre quelques jours et servir votre pamphlet comme un supplément au Vocabulaire Poissard. Et vous dites que je suis un *mal appris*, depuis dix ans en ai-je dit autant que vous dans un seul jour? vous m'appelez *diseur de rien*. Cela se peut, mais il y a quelquefois beaucoup d'esprit à ne rien dire. On voudrait souvent me voir ce bel esprit-là, car Messieurs les démocrates qui demandent à corps et à cris la liberté de la pensée, voudraient que cette liberté restât chez eux en dépôt et ne put servir qu'à eux et à leurs amis.

Pour mieux m'injurier on m'a fait prince, *prince de la critique*, couronné par les mains de M. Félix Pyat comme les juifs couronnèrent le Christ, afin de le clouer vivant sur la croix.

On me dit que je suis *le chef de cette école sceptique et pourrie, hostile à tout et prostituée à tous;* quelle aménité républicaine, décidément il est *b....ien en colère le père*

Duchesne, je suis un bravo de la presse, apre au gain et in-
satiable au lucre écrivant pour tous ou contre tous.

Si vraiment M. Félix Pyat avait écrit le factum que j'ai
sous les yeux il n'aurait pas dit cela, car il me connaît et
il sait si cela est vrai. Il sait que je jette sans les compter
les pages que l'on vient demander à mon obligeance, il sait
qu'écoutant toujours la voix de mon cœur j'ai applaudi à
tous les succès, et je me suis souvent contenté de gémir
sur des chutes méritées. Qui a jugé et découvert le mérite
de *Rachel* et de *Maxime?* qui a soutenu le talent de Casimir
Delavigne dans les dernières épreuves de sa vie? qui a
salué le premier de ses applaudissements le nom de l'auteur de *Lucrèce?* qui donc plus souvent que moi s'est
vengé d'une injure par un bienfait?

Que répondre à un océan d'injures? ai-je le temps de
les compter et croyez-vous que je m'abaisse pour les re-
lever une à une et pour les renvoyer à mon adversaire?
Non, je sais aussi que la littérature est un sacerdoce, et
qu'en prenant une plume on doit toujours rester calme et
digne; quand une femme d'esprit dans l'*Ecole des Journa-*
listes, traça une *esquisse trop légère*, je n'hésitais pas un
instant et je sacrifiais l'amitié au devoir. Quant aux injures que l'on m'adresse je suis au-dessus d'elles : hier on
me traitait de *Fréron* et j'en étais fier, aujourd'hui on
m'appelle *prince des critiques* et je déclinerai cet honneur
quand bien même on ne dirait pas que c'est moi-même
qui me suis proclamé tel. Ai-je jamais été, je ne dirais
pas assez orgueilleux, mais assez niais pour dire que j'é-
tais au-dessus de MM. Role, Briffaut, Merle, Arago, etc.?

Ai-je jamais affiché des prétentions ridiculement orgueil-
leuses. J'en appelle à tous ceux qui me connaissent; ils
vous diront combien je suis orgueilleux de mes œuvres;
ils diront quel est le prix que j'attache à mes écrits. Eh !
mon Dieu, sais-je seulement si j'écris? et ne donnerais-je
pas toute la gloire littéraire pour un regard de cette femme
que j'aime et qui porte mon nom, pour une heure de douce
causerie avec elle quand elle joue à mes côtés avec sa jolie
chèvre Esméralda, ou bien que, pensive et sérieuse, elle
copie pour moi quelques fragments de cette *Histoire de*
Normandie qui m'a valu tant de jalousies et d'amères critiques. Eh mon Dieu, je n'ai pas prétendu faire un beau li-

vre, mais seulement une préface qui pût attirer quelques regards sur une des plus belles provinces de la France.

On me demande quelle jeune gloire j'ai aidée ? il serait plus vrai de me demander quelle est celle que j'ai repoussée ? Ai-je, comme tant d'autres, fait faire anti-chambre à de pauvres jeunes gens riches d'avenir qui venaient chez moi me raconter leurs espérances et me demander mon appui ; et à propos de Marie-Joseph Chénier au nom duquel on m'injurie, n'ai-je pas rendu pleine justice aux beaux vers qu'un jeune poète (Julien Dallières) venait de faire sur André ! Et d'ailleurs, qui le sait mieux que vous!...

Me fera-t-on un crime de ne pas avoir toujours admiré *quand même*? Et le critique ne doit-il pas, dans l'intérêt de l'art, la vérité à tous et l'indulgence aux faibles. Cependant, je l'avance humblement, je puis m'être trompé; mais quel est celui d'entre vous qui ne faillit jamais? que celui-là me jette la première pierre.

On me reproche un feuilleton sur *Carême*, écrit en mauvais français de cuisine ; eh mon Dieu, si je voulais regarder ce libelle auquel je ne réponds que parce qu'il est signé d'un nom honorable, combien trouverais-je de ces fautes lourdes et grossières, comme il en échappe tant aux littérateurs de nos jours.

Mon esprit se raréfie, dit-on. On ne remarquera jamais cela chez vous ; et franchement, en lisant ce pamphlet, si lourdement et si trivialement écrit, je n'ai pas ressenti un atôme de colère, mais j'ai eu pitié de cette noble intelligence qui, pour satisfaire aux lâches rancunes de quelques niais impuissants, venait mettre son nom au bas de ces lignes flasques et filandreuses, niaises et colères, *pleines d'expressions vides, de locutions vaines, obscures et absurdes*. J'ai eu pitié, et j'ai dit : Non, ce n'est pas Félix Pyat qui a écrit cela.

On m'accuse, et de quoi ne m'accuse-t-on pas? d'être un valet et d'aller dans les anti-chambres. — C'est vrai, j'ai parfois été dans les anti-chambres, non pour solliciter pour moi, mais pour demander pour les autres. Il me manque un cœur, dites-vous. Demandez à M. Bonald, un pauvre jeune homme qui aurait été frappé plus cruellement peut-être sans mon intercession. Il me manque un cœur ; eh bien ! signalez-moi une bonne action à faire, et vous verrez alors si je suis digne de toutes les injures que votre colère m'a jetées au visage.

Et le factum, que j'ai sous les yeux, est signé, oui signé, par qui, grand Dieu, par un homme dont la réputation est intacte, par un homme qui, dans la littérature qui court, n'a produit que des œuvres d'art, des œuvres longuement pensées, dans le silence du cabinet, des œuvres qui, jusqu'à présent, sont celles d'un écrivain, d'un penseur et d'un honnête homme. Les drames de cet honnête homme sont des drames de la vieille école. Cet écrivain est un descendant en droite ligne du grand Corneille. Il écrit toujours pour prouver quelque bonne et noble chose. Il a mis sa plume au service de sa pensée ; jamais un mot ne lui a échappé sans que son cœur n'ait battu, sans que toutes les pulsations de son sang ne lui aient dit qu'il avait raison : qu'il défendait courageusement plus que la chair de ses os, les os de sa chair, qu'il défendait sa pensée, qui est grande et belle.

Cet homme qui se trompe, peut-être, mais qui se trompe comme les hommes de cœur se trompent, c'est-à-dire, en étant toujours prêt à sacrifier biens et vie à leur utopie. Enfin ce libelle, plein de fiel et de colère, cette cheminée tombant d'un toit sur la tête d'un pauvre homme qui passe, est signé du nom de M. Félix Pyat ; de ce nom resté pur dans un temps où tout se salit ; de ce nom nom qui a traversé tous les chemins bourbeux que nous parcourons depuis dix ans sans qu'aucune éclaboussure l'ait jamais souillé.

Non, non ! ce n'est point vous, M. Pyat, qui avez écrit cela, non, ce n'est pas vous qui jetez votre *amère* (le mot est de vous) sur ce bon gros critique qui ne vous en veut pas, qui ne vous a jamais rien fait ; pourquoi donc souffrez-vous qu'on abuse ainsi de votre beau nom ? êtes-vous las de le voir briller au milieu de la littérature contemporaine, comme une belle fleur poussant au milieu d'un bourbier infect ? Est-ce que vous trouvez le titre d'écrivain, que nous vous accordons à vous seul peut-être d'entre tous les dramaturges, trop lourd à porter ? que vous y renoncez si lestement et de gaîté de cœur. Non, ce que j'ai là sous les yeux n'est pas, ne peut être de

vous ; vous êtes trop généreux pour m'avoir gardé ran-
cune des quelques petits traits que je vous ai lancé en
passant devant vos succès, comme le soldat Parthe en
fuyant devant les légions romaines. Vous êtes trop riche
pour reprocher à un pauvre diable de vous enlever quelques épis dans votre riche moisson. Non ! non ! ce n'est
pas là un de vos écrits ; ce n'est pas là cette phrase pure,
claire, brillante et tranchante comme du cristal, que je
vous connais et que chacun à connu dans les filles de Sé-
jan. Ce charmant morceau enchassé comme un diamant
au milieu de cette prose *fausse, bouffie, confuse et louche*
qu'on reproche au *prince des critiques.* Ce morceau de papier gris n'est pas de vous et je vais dire pourquoi,
et la tâche me sera facile, car je vais raconter la vie noble
et courageuse de l'homme dont on a abusé du nom.

On a choisi son nom pour le faire figurer au bas de cet
écrit, sans doute parce que ses amis l'avaient nommé en
riant le *Baseleuphage.* Un prince est bien proche parent
d'un roi, et du moment qu'on a déclaré la guerre aux rois
on peut bien la taire au pauvres princes. C'est la raison
qui fait je crois qu'on a abusé de ce nom.

Venu à Paris pour y étudier le droit, M. Félix Pyat, que
ses goûts portaient aux études sérieuses, abandonna l'é-
tude du droit pour se livrer aux études historiques. Son
opinion avancée, son caractère fier et généreux lui fit voir,
dans tous les hommes de la république romaine, des amis,
des frères en pensée, et peu de temps après la Rome an-
tique lui était familière Il se promenait bras dessus bras
dessous avec tous les héros de cette histoire plus fabu-
leuse que la mythologie elle-même. Il savait entendre et
comprendre les orateurs du rostre, il s'indignait aux prétentions du sénat : il poussait des cris de joie avec tout ce
peuple roi des rois, à la voix des Gracques. Oh ! pour lui
comme pour nous tous, c'était le bon temps, le temps de
la jeunesse, le temps des illusions, le temps des fortes et
bonnes études, le temps où nous pouvions lire à notre aise
nos poètes chéris, Horace et Virgile, sans entendre glapir
à nos oreilles la voix perçante de l'apprenti, du gamin
d'imprimerie qui vient, comme l'ange d'Abasvérus, nous
dire marche ! marche ! esclave de la presse, de la copie,
toujours de la copie, encore de la copie.

Oh ! le pitoyable métier que celui que nous faisons. Oh ! ne vaut-il pas mieux tout faire que d'être ainsi sujet et esclave du maître sans pitié qu'on nomme public. Voyez un peu, vous l'amusez, vous l'intéressez, il semble vous aimer, vous chérir. Il prend fantaisie à quelqu'un de vous battonner et lui de rire ; vous criez, il rit plus fort. Vous ne dites rien , les spartiates et les stoïciens vous admireraient, lui il vous fait des reproches, il vous battra pour n'avoir pas eu la faiblesse de crier alors qu'on vous écorchait pour son bon plaisir.

Mais il ne sait donc pas, ce bon public, ce maître sans pitié, que nous nous sommes volontairement choisi , que chaque jour nous nous écrions avec Horace ! Horace ce grand poète qui, lui aussi, a changé, car lui aussi il avait compris son temps, lui aussi, il savait qu'Auguste était l'homme qu'il fallait, alors que la république s'en allait par morceaux , déchirée par tous les ambitieux. Et ce grand poète, cet homme qui chantait si bien le vin et les jolies esclaves, s'écriait : *O rus quando te aspiciam*. Ce cri du génie, ce cri de la souffrance du poète est encore le nôtre à nous tous, qui avons hérité d'un peu de ce talent, qui était du génie pour lui. Mais laissons là Horace et son doux chant, ses beaux vers et la belle langue, revenons :

C'est aux grandes études d'histoire que fit M. Pyat, que nous devons ce drame où il y a plus d'esprit que dans une comédie, cette comédie où il y a plus de pathétique que dans tous les drames. Ai-je besoin de vous en dire le titre ? vous avez déjà nommé une *conspiration d'autrefois*. Il me semble encore le voir le beau jeune homme, venant avec son manuscrit nous consulter, car alors.... mais depuis.... C'est ce bon, ce cher Théodose, qu'il choisit pour son collaborateur, pouvait-il mieux choisir ? — Non. Il était impossible de trouver plus de science uni à plus d'esprit. La pièce ainsi patronnée, fut reçue et jouée. Mais là c'était déjà l'homme indépendant, le républicain , pleurant son foyer qu'il croyait envahi. C'était le regret de l'homme qui voit ce qu'on pouvait faire, et qui pleure sur ce qu'on fait. Aussi fut-elle arrêtée par le gouvernement.

La route que devait suivre M. Pyat était tracée, et depuis, il n'a jamais dévié. Tour à tour, nous voyons paraître : *le Brigand et le Philosophe, Ango, les Deux Serruriers,*

Cédric, et toujours l'homme qui souffre, toujours l'homme à qui le malheur des autres arrache des larmes. C'est le socialiste, le rêveur, l'utopiste qui voit l'avenir tout rayonnant ; c'est l'homme aux formes aristocratiques, au langage pur et correct, qui se fait peuple pour être compté parmi ceux qui souffrent. C'est le vrai et peut être le seul démocrate, car c'est le seul qui n'a qu'une ambition, et quelle noble ambition, l'ambition de Cincinnatus et de Caïus, l'ambition de voir ses frères heureux et sa France belle.

Et partout, dans tous les journaux qu'il a secourus de son talent, il est resté le même. Toujours il s'est fait le défenseur du pauvre et de l'opprimé ; toujours il a su prendre le rôle qui convenait au penseur, à l'ami des grands hommes de la république romaine.

Oui, M. Pyat, si nous vous avons critiqué, c'est que nous vous savions assez fort pour accepter des conseils ; c'est que nous avions espoir en votre vigoureux et beau talent ; c'est qu'il nous plaisait de lire ce beau style que le dix-huitième siècle nous a légué ; c'est que notre cœur était réjoui quand nous entendions ce beau langage que vous faites parler à vos personnages ; c'est qu'il nous plaisait de les voir, ces fils de votre pensée et de votre cœur, agir, marcher, penser et sentir comme vous-même vous pensez et vous agissez, en honnête homme, toujours libre et fier dans son indépendance et sa vertu. Nous nous sommes plu à vous critiquer ; mais, en cela, nous avons fait comme les enfants qui ne trouvent jamais les mets qu'ils aiment bons, pour qu'on leur en donne encore.

Vous êtes une des sentinelles avancées de la presse ; vous êtes au premier rang ; vous occupez la place que vous méritez, la place d'un homme de cœur ; vous êtes placé dans l'estime de tous auprès de Carrel, cet écrivain si digne qui a su faire respecter et honorer le métier de journaliste. Ce n'est donc pas vous qui avez écrit ce pamphlet. Votre place est belle, gardez-la soigneusement. Faites-nous de ces beaux drames, de ces beaux livres que vous rêvez, et vous nous trouverez toujours là prêt à vous donner nos conseils si nous le pouvons.

Et maintenant, vous nous reprochez de faire des livres d'images ; mais je ne fais pas de livres, je fais des paysages, je décris les cités que j'aime, et je voudrais que chacun pût les admirer avec moi. Moi aussi, je pleure sur les gloires de mon pays ; moi aussi, j'ai mes héros chéris et préférés, et je crois que personne n'est plus ému que moi, lorsqu'il me faut raconter les beaux faits de notre histoire. A chacun ses hommes. Attaquez les miens, si j'attaque les vôtres ; mais, pour Dieu, plus de personnalités.

Et maintenant, merci à quelques embrions de la presse ! Malgré la prose du *Charivari*, qui vient de faire de son bureau une boutique de chiffonnier, le *prince des critiques* vit encore, et il ne mourra pas sous le coup de poing brutal d'un portefaix qui ne serait justiciable que des tribunaux. Allez, Messieurs, allez. Vous insultez un *prince*, parce qu'un *prince* ne se bat pas et qu'on l'insulte avec impunité. Votre courage avait besoin de cela !

10 janvier 1844.

www.ingramcontent.com/pod-product-compliance
Lightning Source LLC
Chambersburg PA
CBHW071701030726
47598CB00005B/2181